MY FIRST BOOK OF AMHARIC WORDS

Habte Books, Berlin

How is this book structured?

Word in English	*book*
Word in Amharic	መጽሐፍ
Pronunciation	*mäts'ïhaf*

Pronunciation Guide

THE VOWELS

Amharic has seven vowels and are presented as ä, a, e, i, ï, o, u in this book.

ä as e in bigger
a as a in father
e as a in state
i as ee in beet
ï as e in roses
o as o in shore
u as o in who

THE CONSONANTS

Amharic has 28 consonants. The following consonants have the same sound as in English **b, p, d, j, t, m, n, f, w, s, z, y, g, k, h, l, r, v. ch** (as in church), **sh** (as in shoe).

Some special letters used in this book are stated below.
ñ is like ñ in Spanish señor
ž is like s in English leisure

The Amharic sounds **k' t' ts' ch' p'** have no equivalent in the English language. The sounds of these letters can be heard on www.habtebooks.com/download for the examples below.

k'	*k'ïndïb*	ቅንድብ	eyebrow
t'	*t'ïrrs*	ጥርስ	tooth
ts'	*ts'ägur*	ፀጉር	hair
ch'	*gunch'*	ጉንጭ	cheek
p'	*t'äräp'eza*	ጠረጴዛ	table

TABLE OF CONTENTS • ማውጫ

BODY PARTS • የሰውነት ክፍሎች

head
ራስ
ras
shoulder
ትከሻ
tïkäsha
chest
ደረት
därät
waist
ወገብ
wägäb
tummy
ሆድ
hod
finger
ጣት
t'at
fingernail
ጥፍር
t'ïfir
leg
እግር
ïgïr
ankle
ቁርጭምጭሚት
k'urch'ïmch'ïmit
heel
ተረከዝ
täräkäz
toe
የእግር ጣት
yä-ïgïr t'at
neck
አንገት
angät
back
ጀርባ
järba
arm
ክንድ
kïnd
elbow
ክርን
kïrn
hand
እጅ
ïjj
knee
ጉልበት
gulbät
foot
እግር
ïgïr

CLOTHES • አልባሳት

shorts
ቁምጣ
k‘umt‘a

shirt
ሸሚዝ
shämiz

skirt
ጉርድ ቀሚስ
gurd k‘ämis

raincoat
የዝናብ ልብስ
yäzïnab lïbs

sweater
ሹራብ
shurab

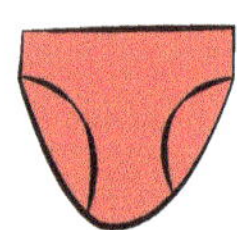

underpants
ቡታንታ
butanta

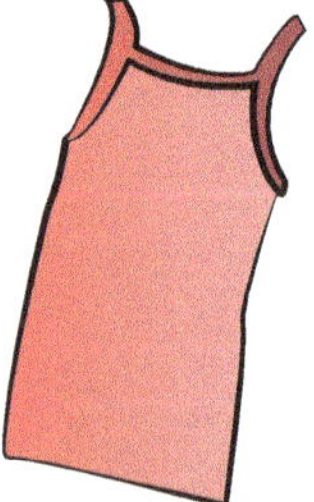

undershirt
ካኒቴራ
kanitera

pyjamas
የሌሊት ልብስ
yälelit lïbs

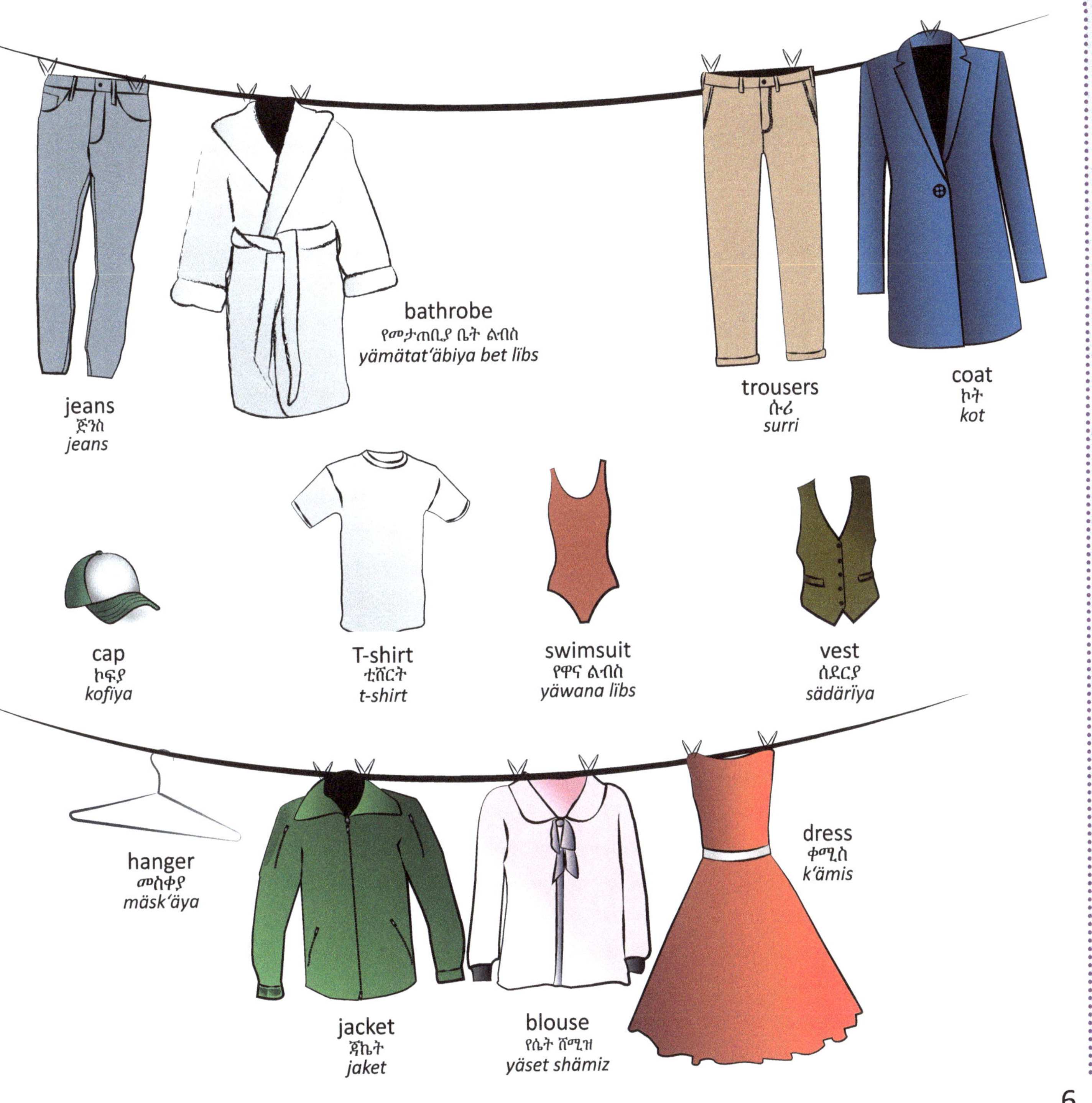
jeans
ጅንስ
jeans
bathrobe
የመታጠቢያ ቤት ልብስ
yämätat'äbiya bet lïbs
trousers
ሱሪ
surri
coat
ኮት
kot
cap
ኮፍያ
kofïya
T-shirt
ቲሸርት
t-shirt
swimsuit
የዋና ልብስ
yäwana lïbs
vest
ሰደርያ
sädärïya
hanger
መስቀያ
mäsk'äya
jacket
ጃኬት
jaket
blouse
የሴት ሸሚዝ
yäset shämiz
dress
ቀሚስ
k'ämis

coat rack
ኮት መስቀያ
kot mäsk‘äya
hat
ባርኔጣ
barnet‘a
scarf
የአንገት ልብስ
yä-angät libs
comb
ማበጠሪያ
mabät‘äriya
tie
ከረባት
kärräbat
gloves
ጓንት
guant
wallet
የኪስ ቦርሳ
yäkiss borsa
bow tie
ቢራቢሮ ከረባት
birabiro kärräbat
wristwatch
የእጅ ሰዓት
yä-ijj sä-at
belt
ቀበቶ
k‘äbbäto
socks
ካልሲ
kalsi
boots
ቦቲ ጫማ
botti ch‘amma
handkerchief
መሐረብ
mäharräb
slippers
ነጠላ ጫማ
nät‘äla ch‘amma
suitcase
ሻንጣ
shant‘a
shoe
ጫማ
ch‘amma

umbrella
ጃንጥላ
Jant'ïla
glasses
የንባብ መነጽር
yänïbab mänäts'irr
earring
የጆሮ ጉትቻ
yäjoro gutïcha
button
ቁልፍ
k'ulf
necklace
ሐብል
habïl
bracelet
አምባር
ambar
ring
ቀለበት
k'äläbbätt
sunglasses
የፀሐይ መነጽር
yäts'ähay mänäts'irr
handbag
የእጅ ቦርሳ
yä-ïjj borsa

HOME • መኖሪያ ቤት

house
ቤት
bet
roof
ጣሪያ
t'arriya
kitchen ማዕድ ቤት mä-ïd bet
bedroom መኝታ ቤት mäñïta bet
wall
ግድግዳ
gïdïgïda
wall clock
የግድግዳ ሰዓት
yägïdïgïda sä-at
painting
ስዕል
sï-ïl
living room ሳሎን salon
bathroom ባኞ ቤት baño bet
curtain
መጋረጃ
mägaräja
window
መስኮት
mäskot
bookshelf
መጽሐፍ መደርደሪያ
mäts'ïhaf mädärdäriya
mirror
መስታወት
mästawät
toilet
መፀዳጃ
mäts'ädaja
door
በር
bärr
sofa
ሶፋ
sofa
floor
ወለል
wäläl

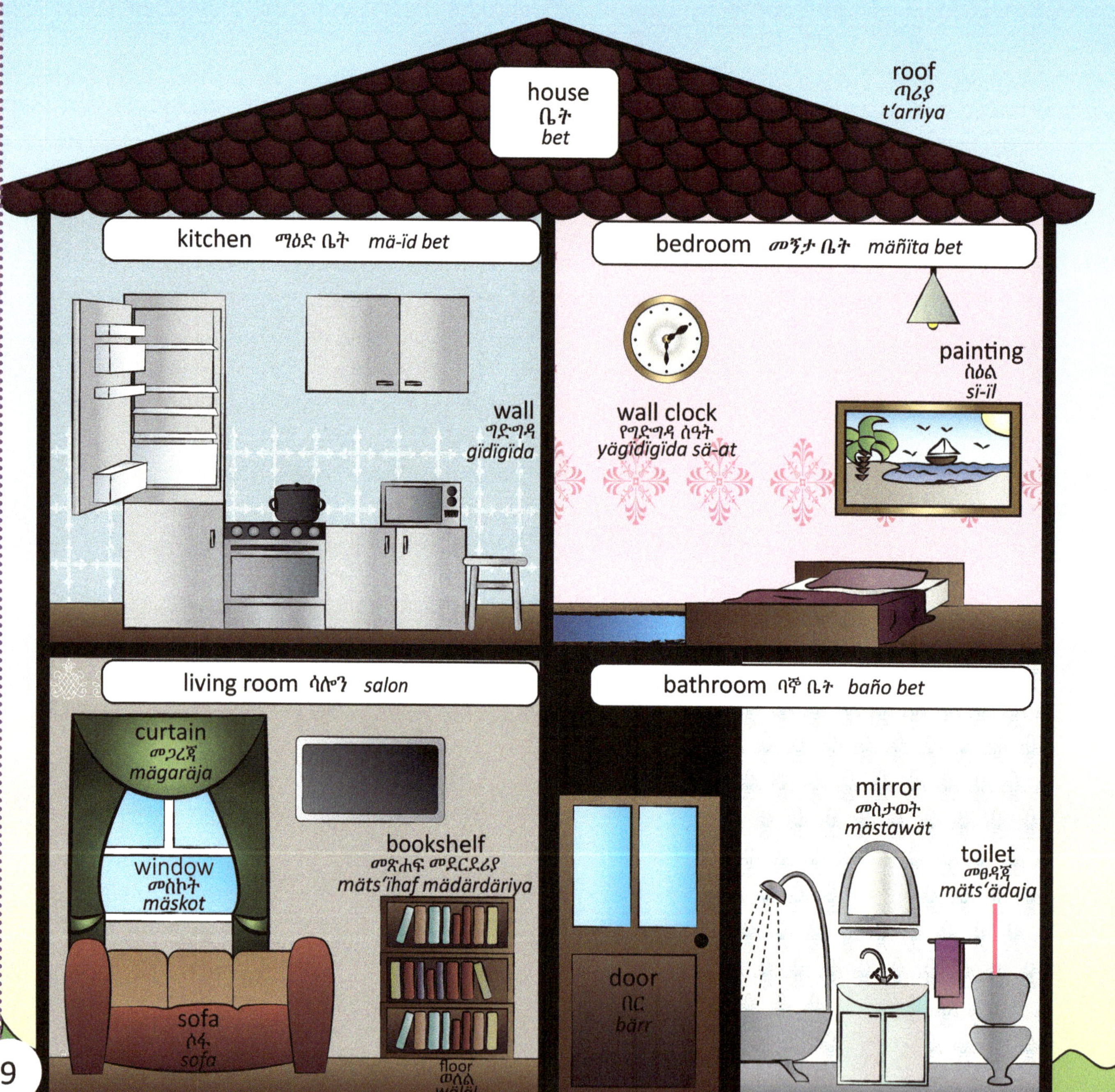

kite
ወላንዶ
wällando
basketball
የቅርጫት ኳስ
yäk'ïrch'at quas
butterfly
ቢራቢሮ
birra-birro
balloon
ፊኛ
fiña
football
የእግር ኳስ
yä-ïgïr quas

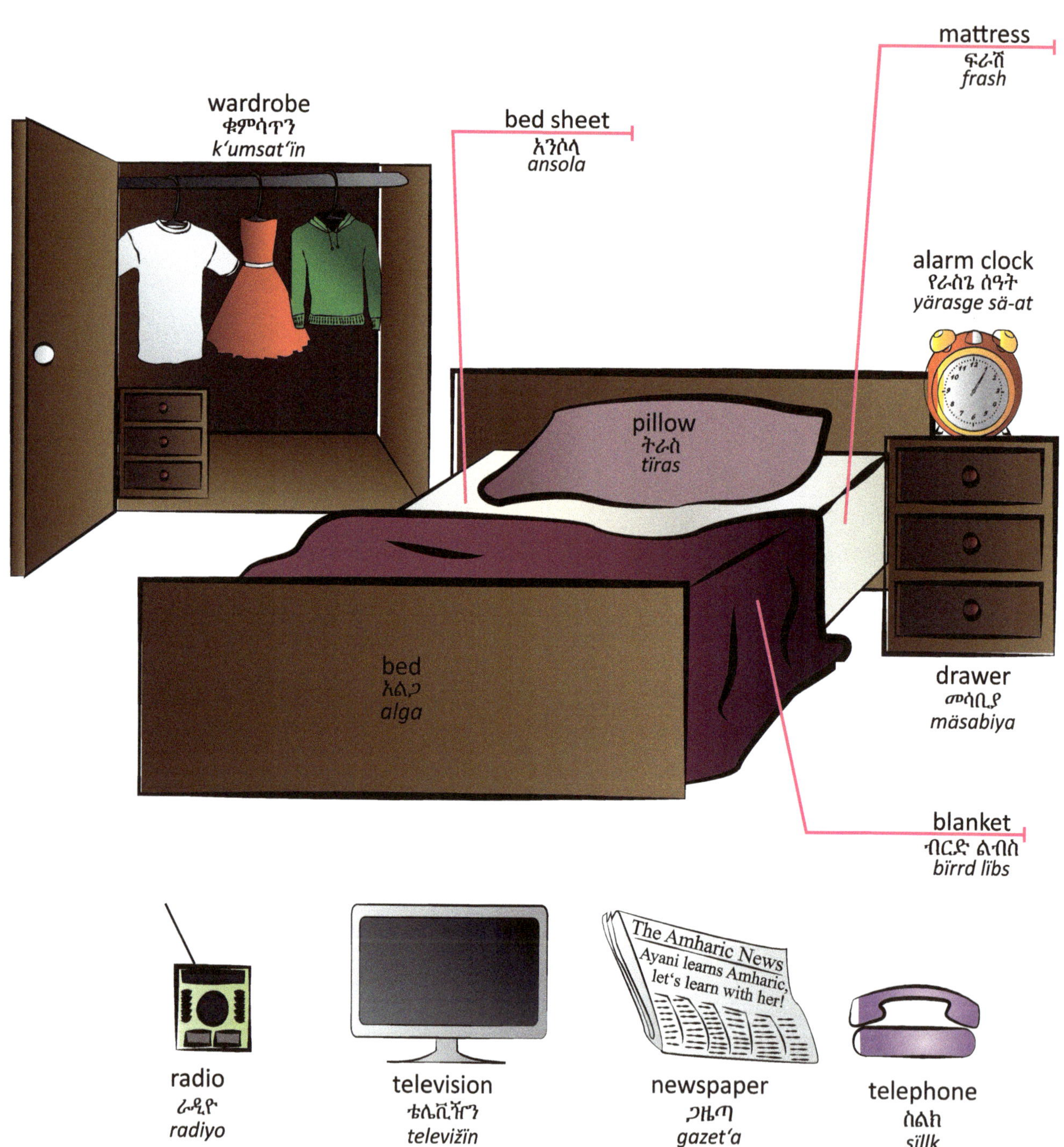

wardrobe
ቁምሳጥን
k‘umsat‘ïn
bed sheet
አንሶላ
ansola
mattress
ፍራሽ
frash
alarm clock
የራስጌ ሰዓት
yärasge sä-at
pillow
ትራስ
tïras
bed
አልጋ
alga
drawer
መሳቢያ
mäsabiya
blanket
ብርድ ልብስ
bïrrd lïbs
The Amharic News
Ayani learns Amharic,
let‘s learn with her!
radio
ራዲዮ
radiyo
television
ቴሌቪዥን
televižïn
newspaper
ጋዜጣ
gazet‘a
telephone
ስልክ
sïllk

lightbulb
አምፖል
ampol

lamp
መብራት
mäbbratt

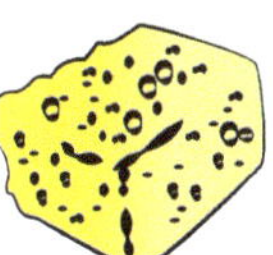

sponge
መታሻ
mättasha

plant
ተክል
täkkl

shower
የቁም መታጠቢያ
yäk'um mätat'äbiya

bathtub
ገንዳ
gända

rug
ምንጣፍ
mïnnt'af

tap
ቧንቧ
bwan-bwa

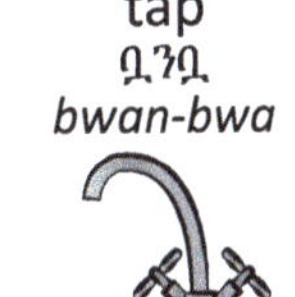

sink
የእጅ መታጠቢያ
yä-ïjj mätat'äbiya

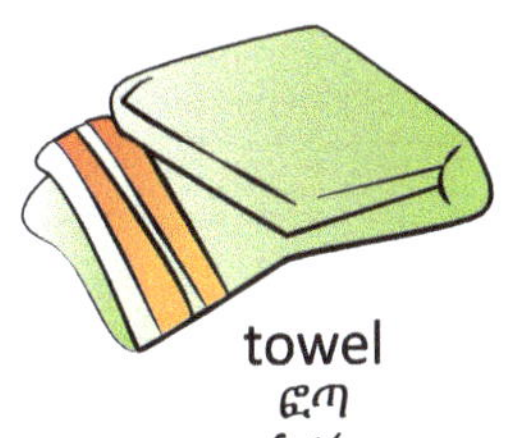

towel
ፎጣ
fot'a

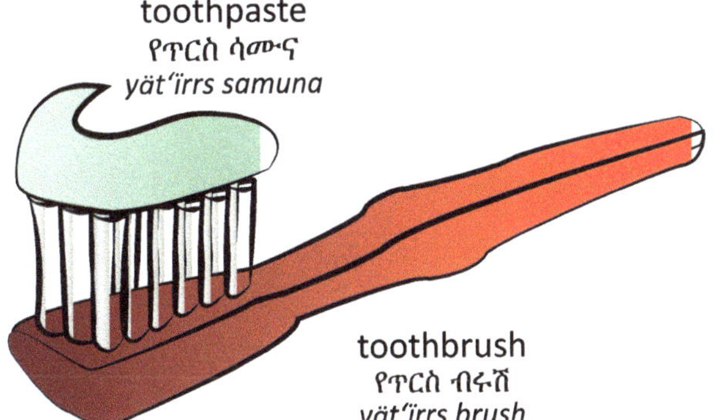

toothpaste
የጥርስ ሳሙና
yät'ïrrs samuna

toothbrush
የጥርስ ብሩሽ
yät'ïrrs brush

soap
ሳሙና
samuna

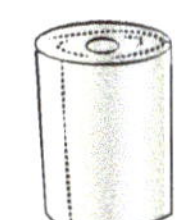

toilet paper
መፀዳጃ ወረቀት
mäts'ädaja wäräk'et

KITCHEN • ማዕድ ቤት

bottle
ጠርሙስ
t'ärmus
candle
ሻማ
shama
spoon
ማንኪያ
mankiya
knife
ቢላዋ
bilawa
marmalade
ማርማላት
marmalat
match
ክብሪት
kïbrit
bowl
ጎድጓዳ ሳሕን
godguada sahïn
kettle
ማንቆርቆሪያ
mank'ork'oriya
glass
ብርጭቆ
bïrch'ik'o
juice
ጭማቂ
ch'ïmak'i
cup
ስኒ
sini
MILK
milk
ወተት
wätät
plate
ሳሕን
sahïn
chair
ወንበር
wänbär
bread
ዳቦ
dabbo
egg
እንቁላል
ïnk'ulal
fork
ሹካ
shukka
butter
ቅቤ
k'ïbe
table
ጠረጴዛ
t'äräp'eza

FRUITS · ፍራፍሬ

guava
ዘይቱን
zäyïtun
banana
ሙዝ
muz
apple
ፓም
pom
peach
ኮክ
kok
pineapple
አናናስ
ananas
strawberry
እንጆሪ
ïnjori
fig
በለስ
bäläs
lemon
ሎሚ
lomi
grapes
ወይን
wäyïn
tangerine
መንደሪን
mändärin
papaya
ፓፓዬ
papaye
plum
ፕሩኝ
pruñ
kiwi
ኪዊ
kiwi
orange
ብርትኳን
bïrtïkuan
pomegranate
ሮማን
roman
mango
ማንጎ
mango
watermelon
ሐብሐብ
habhab

VEGETABLES • አትክልት

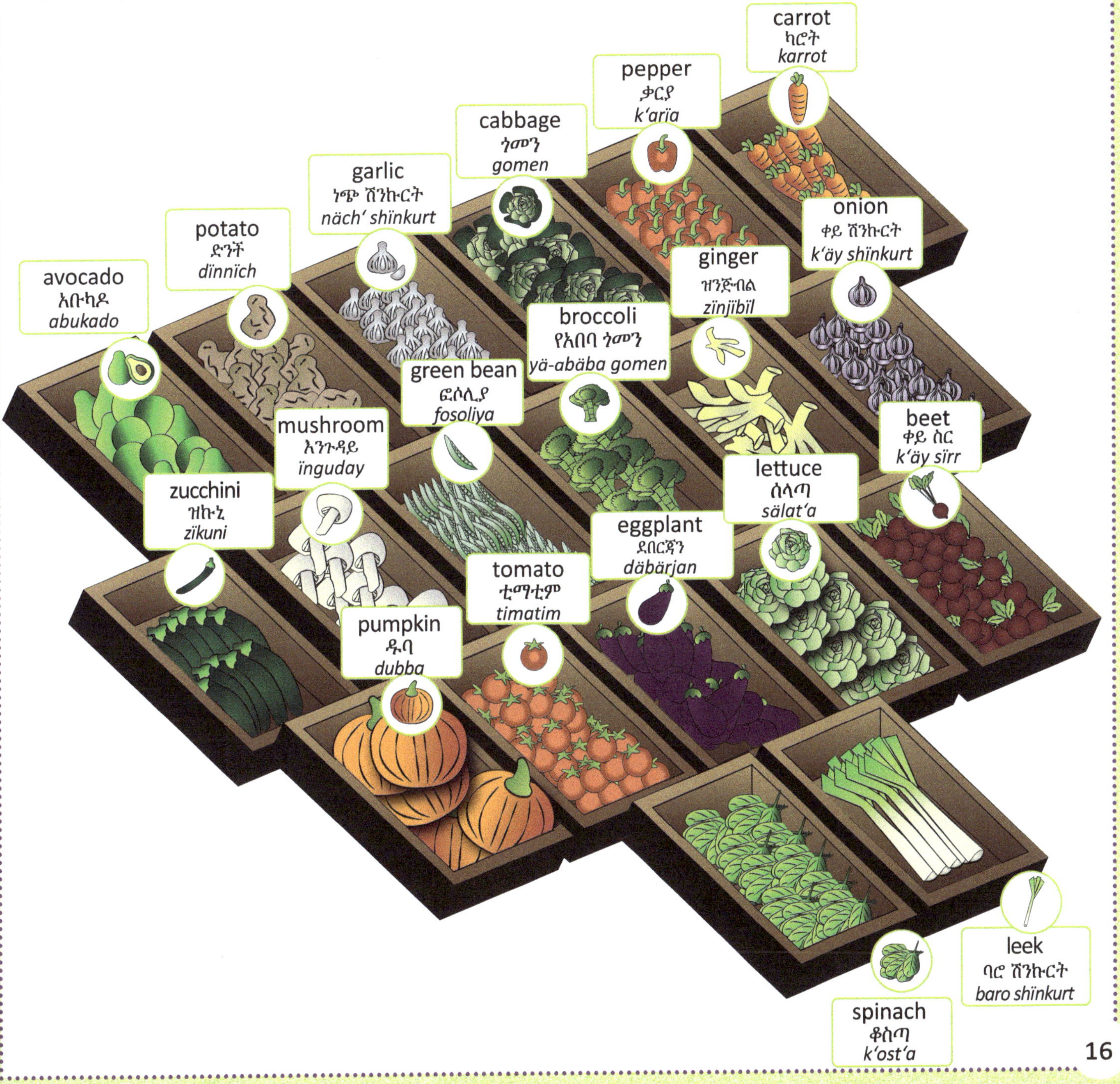

carrot
ካሮት
karrot

pepper
ቃርያ
k'arïa

cabbage
ጎመን
gomen

garlic
ነጭ ሽንኩርት
näch' shïnkurt

potato
ድንች
dïnnïch

avocado
አቡካዶ
abukado

onion
ቀይ ሽንኩርት
k'äy shïnkurt

ginger
ዝንጅብል
zïnjïbïl

broccoli
የአበባ ጎመን
yä-abäba gomen

green bean
ፎሶሊያ
fosoliya

mushroom
እንጉዳይ
ïnguday

zucchini
ዝኩኒ
zïkuni

beet
ቀይ ስር
k'äy sïrr

lettuce
ሰላጣ
sälat'a

eggplant
ደበርጃን
däbärjan

tomato
ቲማቲም
timatim

pumpkin
ዱባ
dubba

leek
ባሮ ሽንኩርት
baro shïnkurt

spinach
ቆስጣ
k'ost'a

SCHOOL • ትምህርት ቤት

map
ካርታ
karta
student
ተማሪ
tämari
scissors
መቀስ
mäk'äs
pen
እስክርቢቶ
iskïrbito
pencil
እርሳስ
ïrsas
globe
ሉል
lul
crayon
ቀለም
k'äläm
exercise book
መልመጃ ደብተር
mälmäja däbtär
book
መጽሐፍ
mäts'ïhaf
eraser
ላጲስ
lap'is
notebook
ደብተር
däbtär
paper
ወረቀት
wäräk'ät
sharpener
መቅረጫ
mäk'ïräch'a
ruler
ማስመሪያ
masïmäriya
lunch box
የምሳ ዕቃ
yämïssa ïk'a

FARM ANIMALS • የቤት እንስሳት

dove
ርግብ
rïgïb

camel
ግመል
gïmäl

cow
ላም
lamm

rooster
አውራ ዶሮ
awra doro

donkey
አህያ
ahïya

goat
ፍየል
fïyäl

hen
ዶሮ
doro

frog
እንቁራሪት
ïnk'urarit

rabbit
ጥንቸል
t'ïnchäl

ox
በሬ
bäre
horse
ፈረስ
färäs
sheep
በግ
beg
mouse
አይጥ
ayt'
pig
አሳማ
asama
turtle
ኤሊ
eli
duck
ዳክዬ
dakïye
cat
ድመት
dïmät
dog
ውሻ
wïsha

WILD ANIMALS • የዱር አራዊት

deer
ሚዳቆ
midak'o
hyena
ጅብ
jïbb
zebra
የሜዳ አህያ
yämeda ahïya
fox
ቀበሮ
k'äbäro
rhino
አውራሪስ
awraris
snake
እባብ
ïbab
tiger
ነብር
näbïr
hippo
ጉማሬ
gumare
crocodile
አዞ
azo

NATURE • ተፈጥሮ

cloud
ደመና
dämäna
mountain
ተራራ
tärara
bird
ወፍ
wäf
waterfall
ፏፏቴ
fuafuate
leaf
ቅጠል
k'ität
river
ወንዝ
wänz
grass
ሣር
sar
branch
ቅርንጫፍ
k'irinch'af
flower
አበባ
abäba

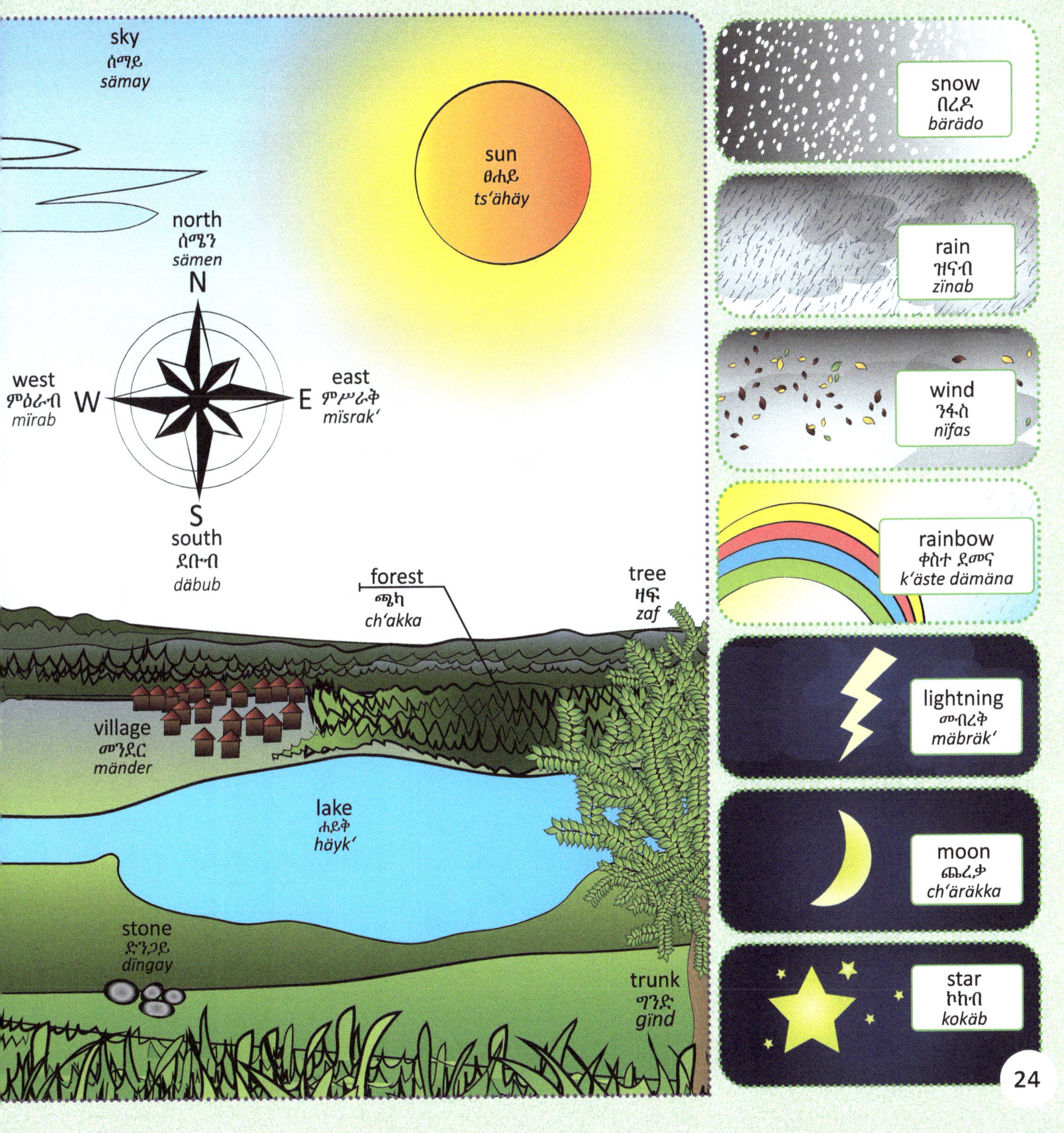

sky
ሰማይ
sämay
sun
ፀሐይ
ts’ähäy
north
ሰሜን
sämen
N
west
ምዕራብ
mïrab
W
E
east
ምሥራቅ
mïsrak’
S
south
ደቡብ
däbub
forest
ጫካ
ch’akka
tree
ዛፍ
zaf
village
መንደር
mänder
lake
ሐይቅ
häyk’
stone
ድንጋይ
dïngay
trunk
ግንድ
gïnd
snow
በረዶ
bärädo
rain
ዝናብ
zïnab
wind
ንፋስ
nïfas
rainbow
ቀስተ ደመና
k’äste dämäna
lightning
መብረቅ
mäbräk’
moon
ጨረቃ
ch’äräkka
star
ኮከብ
kokäb

TRANSPORT • መጓጓዣ

bicycle
ብስክሌት
bïsklet

motorcycle
ሞተር ብስክሌት
motär bïsklet

car
መኪና
mäkina

bus
አውቶብስ
awtobus

truck
የጭነት መኪና
yäch'ïnät mäkina

train
ባቡር
babur

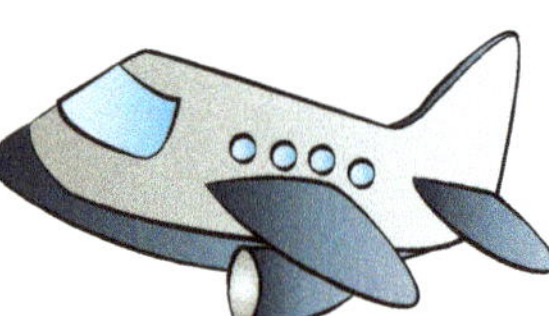

airplane
አውሮፕላን
awroplan

helicopter
ሄሊኮፕተር
helikopter

ship
መርከብ
märkäb

boat
ጀልባ
jälba

fire truck
የእሣት አደጋ መከላከያ መኪና
yä-ïsat adäga mäkina

police car
የፖሊስ መኪና
yäpolis mäkina

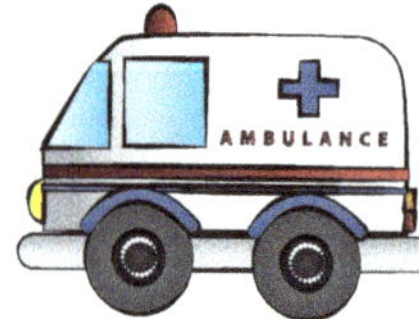

ambulance
አምቡላንስ
ambulance

COLORS • ቀለማት

red
ቀይ
k'äy
yellow
ቢጫ
bich'a
orange
ብርትኳናማ
bïrtïkuanama
brown
ቡኒ
bunni
black
ጥቁር
t'ïk'ur
purple
ወይንጠጅ
wäyïnt'äj
green
አረንጓዴ
aränguade
pink
ሮዝ
rose
blue
ሰማያዊ
sämayawi
white
ነጭ
näch'
gray
ግራጫ
gïrach'a

SHAPES · ቅርፆች

heart
ልብ
lïb
square
ካሬ
karre
arrow
ቀስት
k'äst
rectangle
አራት ጎን
arat gon
triangle
ሦስት መዓዘን
sost mäzen
star
ኮከብ
kokäb
circle
ክብ
kïb
oval
ሞላላ
molala
line
መስመር
mäsmär
dot
ነጥብ
nät'ïb

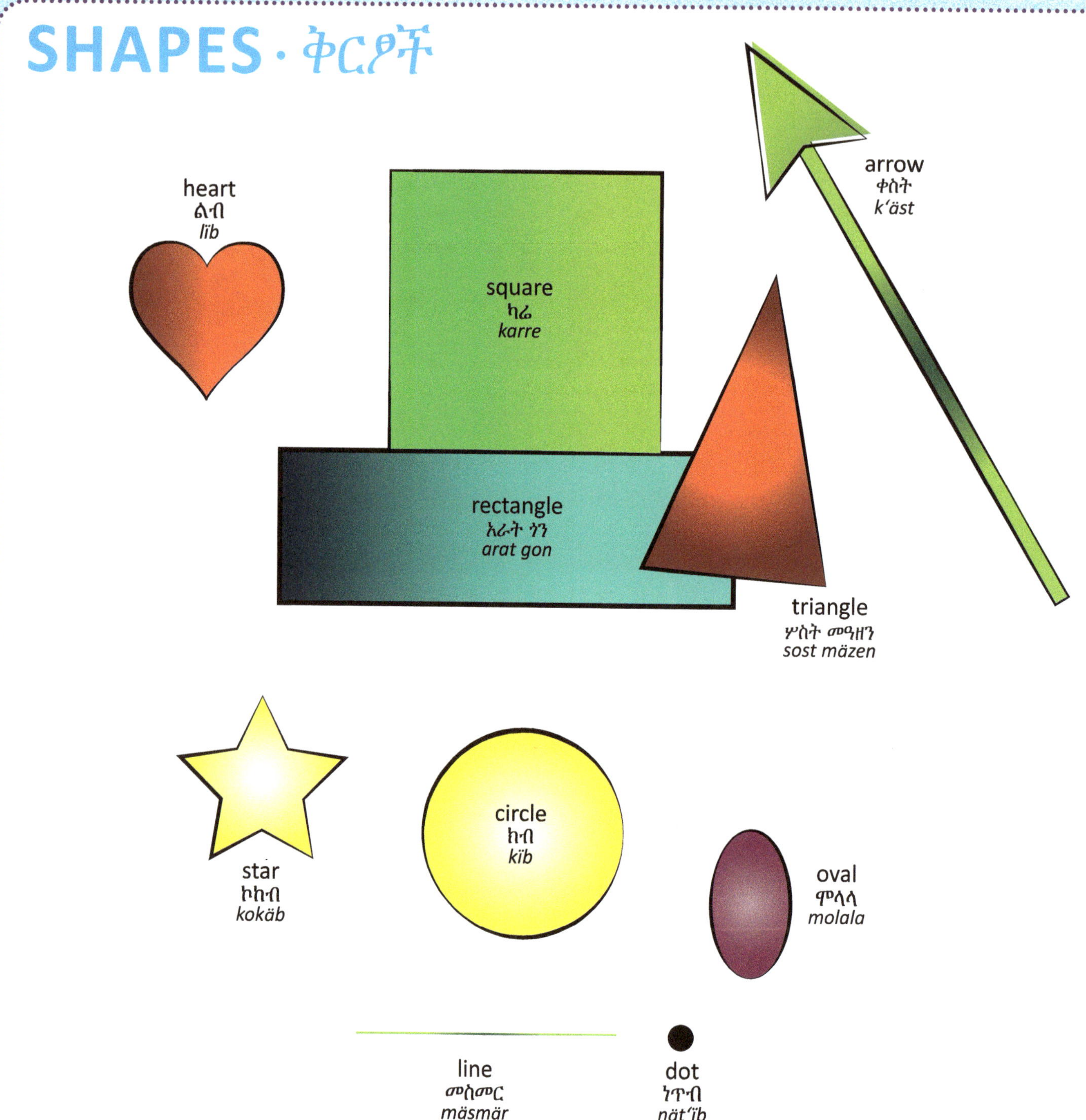

NUMBERS • ቁጥሮች

1 one አንድ *and*	2 two ሁለት *hulät*	3 three ሦስት *sost*	4 four ዐራት *arat*	5 five አምስት *amïst*
6 six ስድስት *sïdïst*	7 seven ሰባት *säbat*	8 eight ስምንት *sïmïnt*	9 nine ዘጠኝ *zätʻäñ*	10 ten ዐሥር *asïr*
11 eleven ዐሥራ አንድ *asra and*	12 twelve ዐሥራ ሁለት *asra hulät*	13 thirteen ዐሥራ ሦስት *asra sost*	14 fourteen ዐሥራ ዐራት *asra arat*	15 fifteen ዐሥራ አምስት *asra amïst*
16 sixteen ዐሥራ ስድስት *asra sïdïst*	17 seventeen ዐሥራ ሰባት *asra säbat*	18 eighteen ዐሥራ ስምንት *asra sïmïnt*	19 nineteen ዐሥራ ዘጠኝ *asra zätʻäñ*	20 twenty ሃያ *haya*

30 thirty ሠላሳ *sälasa*	40 fourty ዐርባ *arba*	50 fifty ሃምሳ *hämsa*	60 sixty ስድሳ *sïdsa*	70 seventy ሰባ *säba*
	80 eighty ሰማንያ *sämanya*	90 ninety ዘጠና *zätʻäna*	100 one hundred አንድ መቶ *and mäto*	

DAYS OF THE WEEK · የሳምንቱ ቀናት

Monday	Tuesday	Wednesday	Thursday	Friday	Saturday	Sunday
ሰኞ	ማክሰኞ	ረቡዕ	ሐሙስ	ዐርብ	ቅዳሜ	እሑድ
säño	*maksäño*	*räbu*	*hämus*	*arb*	*k'ïdame*	*ïhud*

TIME · ሰዓት

one o`clock
ኣንድ ሰዓት
and sä-at

a quarter past one
ኣንድ ከሩብ
and kärub

twenty past one
ኣንድ ከሃያ
and kähaya

half past one
ኣንድ ተኩል
and täkul

a quarter to two
ሩብ ጉዳይ ለሁለት
rub guday lähulät

five to two
ኣምስት ጉዳይ ለሁለት
amïst guday lähulät

EMOTION • ስሜት

happy
መደሰት
mädässät

sad
ማዘን
mazän

angry
መናደድ
mänadäd

confused
ግራ መጋባት
gïra mägabat

confident
በራስ መተማመን
bäras mätämamen

surprised
መገረም
mägäräm

scared
መፍራት
mäfrat

relaxed
መዝናናት
mäznanat

shy
ማፈር
mafär

bored
መሰልቸት
mäsälïchät

OPPOSITE • ተቃራኒ

big
ትልቅ
tïlïk'

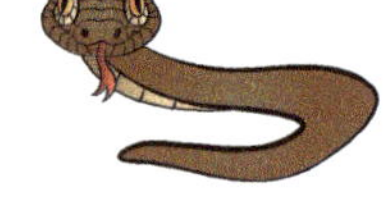

small
ትንሽ
tïnïsh

long
ረዥም
räžïm

short
አጭር
ach'ïr

hot
ትኩስ
tïkus

cold
ቀዝቃዛ
k'äzk'aza

full
ሙሉ
mullu

empty
ባዶ
bado

fat
ወፍራም
wäfram

thin
ቀጭን
k'äch'ïn

heavy
ከባድ
käbad

light
ቀላል
k'älal

expensive
ውድ
wïdd

cheap
ርካሽ
rïkash

wet
ርጥብ
rït'ïb

dry
ደረቅ
däräk'

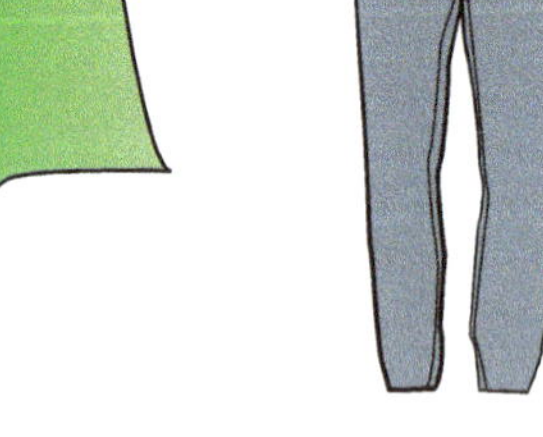

new
አዲስ
addis

old
አሮጌ
aroge

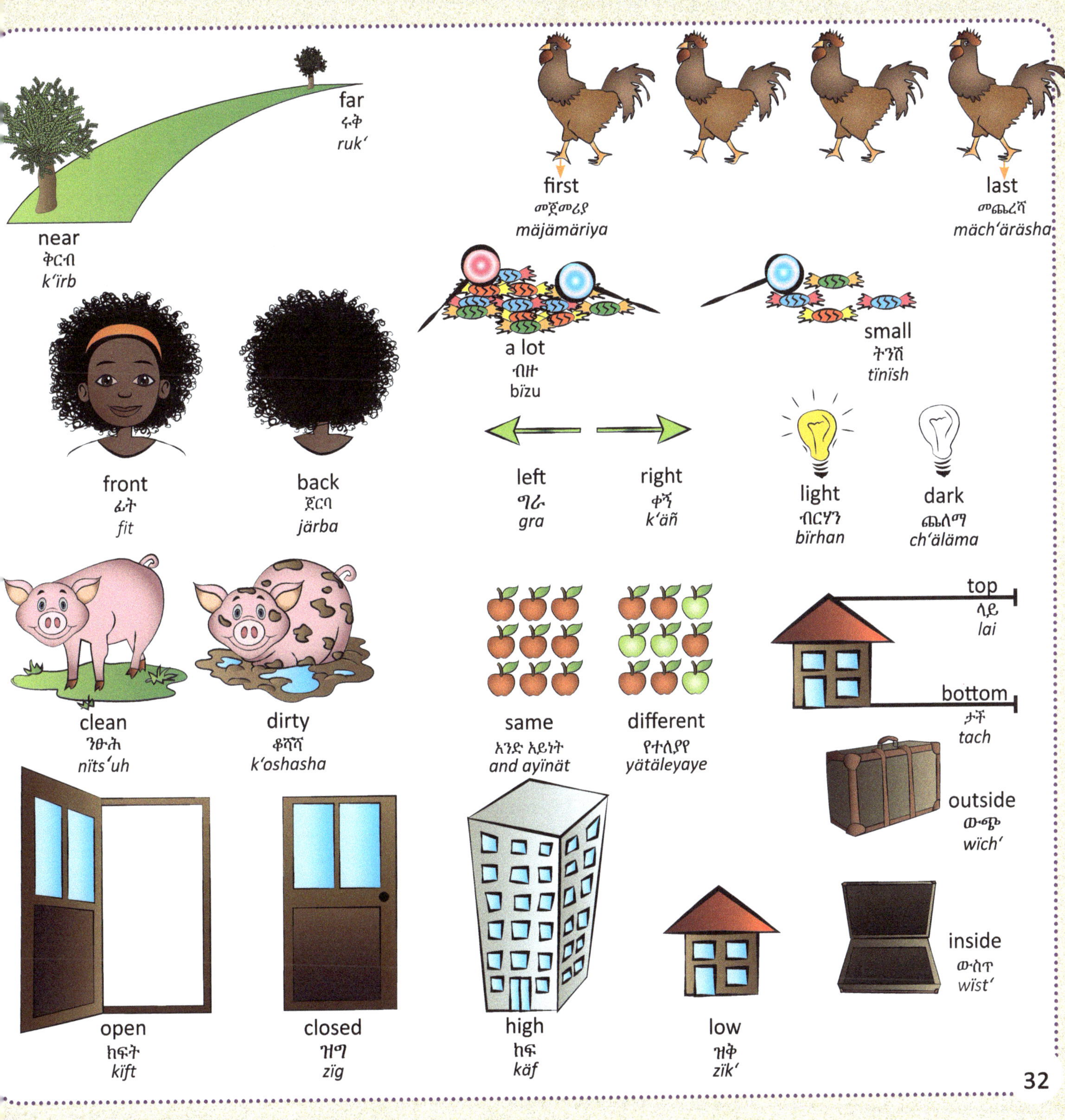
far
ሩቅ
ruk'
near
ቅርብ
k'ïrb
first
መጀመሪያ
mäjämäriya
last
መጨረሻ
mäch'äräsha
a lot
ብዙ
bïzu
small
ትንሽ
tïnïsh
front
ፊት
fit
back
ጀርባ
järba
left
ግራ
gra
right
ቀኝ
k'äñ
light
ብርሃን
bïrhan
dark
ጨለማ
ch'äläma
clean
ንፁሕ
nïts'uh
dirty
ቆሻሻ
k'oshasha
same
አንድ አይነት
and ayïnät
different
የተለያየ
yätäleyaye
top
ላይ
lai
bottom
ታች
tach
outside
ውጭ
wïch'
inside
ውስጥ
wïst'
open
ክፍት
kïft
closed
ዝግ
zïg
high
ከፍ
käf
low
ዝቅ
zïk'

VOCABULARY· የቃላት ዝርዝር

A

airplane ·አውሮፕላን
alarm clock ·የራስጌ ሰዓት
a lot of · ብዙ
alphabet ·ፊደል
ambulance ·አምቡላንስ
angry ·መናደድ
animal ·እንስሳት
ankle ·ቁርጭምጭሚት
apple ·ፖም
apron ·ሽርጥ
arm ·ክንድ
arrow ·ቀስት
avocado ·አቡካዶ

B

back ·ጀርባ
balloon ·ፊኛ
banana ·ሙዝ
basket ·ቅርጫት
basketball ·የቅርጫት ኳስ
bathrobe ·የመታጠቢያ ልብስ
bathroom ·ባኞ ቤት
bathtub ·ገንዳ
beans ·ፎሶሊያ
bedroom ·መኝታ ክፍል
bed sheet ·አንሶላ
bed ·አልጋ
beet ·ቀይ ስር
bell ·ደውል
belt ·ቀበቶ
bicycle ·ብስክሌት
big ·ትልቅ
bird ·ወፍ
black ·ጥቁር
blackboard ·ጥቁር ሰሌዳ
blanket ·ብርድ ልብስ
blouse ·የሴት ሸሚዝ
blue ·ሰማያዊ
board ·መከተፊያ
boat ·ጀልባ
body ·ሰውነት
book ·መጽሐፍ
bookshelf ·መፅሐፍ መደርደሪያ
boots ·ቦቲ ጫማ
bored ·መሰልቸት
bottle ·ጠርሙስ
bottom ·ታች
bow tie ·ቢራቢሮ ከረባት
bowl ·ጎድጓዳ ሳሕን
bracelet ·አምባር
branch ·ቅርንጫፍ
bread ·ዳቦ
broccoli ·የአበባ ጎመን
broom ·መጥረጊያ
brown ·ቡኒ
bucket ·ባልዲ
buffalo ·ጎሽ
bus ·አውቶቡስ
butter ·ቅቤ
butterfly ·ቢራቢሮ
button ·ቁልፍ

C

cabbage ·ጎመን
camel ·ግመል
candle ·ሻማ
cap ·ኮፍያ
car ·መኪና
carrot ·ካሮት
cat ·ድመት
chair ·ወንበር
chalk ·ጠመኔ
cheap ·ርካሽ
cheek ·ጉንጭ
cheetah ·አቦሸማኔ
chest ·ደረት
chin ·አገጭ
circle ·ክብ
classroom ·የመማሪያ ክፍል
clean ·ንፁህ
closed ·ዝግ
clothes ·አልባሳት
cloud ·ደመና
coat rack ·ኮት መስቀያ
coat ·ኮት
cold ·ቀዝቃዛ
color ·ቀለም
comb ·ማበጠሪያ
confident ·በራስ መተማመን
confused ·ግራ መጋባት
cow ·ላም
crayon ·ቀለም
crocodile ·አዞ
cupboard ·ዕቃ መደርደሪያ ሳጥን
cup ·ስኒ
curtain ·መጋረጃ

D

dark ·ጨለማ
days ·ቀናት
deer ·ሚዳቆ
desk ·የመማሪያ ጠረጴዛ
different ·የተለያየ
dirty ·ቆሻሻ
dog ·ውሻ
doll ·አሻንጉሊት
donkey ·አህያ
door ·በር
dot ·ነጥብ
dove ·ርግብ
drawer ·መሳቢያ
dress ·ቀሚስ
dry ·ደረቅ
duck ·ዳክዬ

E

ear ·ጆሮ
earring ·የጆሮ ጉትቻ
east ·ምሥራቅ
egg ·እንቁላል
eggplant ·ደበርጃን
eight ·ስምንት
eighteen ·ዐሥራ ስምንት
eighty ·ሰማንያ
elbow ·ክርን
elephant ·ዝሆን
eleven ·ዐሥራ አንድ
emotion ·ስሜት
empty ·ባዶ
eraser ·ላጲስ
exercise book ·መልመጃ ደብተር
expensive ·ውድ
eye ·አይን
eyebrow ·ቅንድብ

F

far ·ሩቅ
fat ·ወፍራም
fifteen ·ዐሥራ አምስት
fifty ·ሃምሳ
fig ·በለስ
finger ·ጣት
fingernail ·ጥፍር
fire truck ·የእሣት አደጋ መከላከያ መኪና
first ·መጀመሪያ
five ·አምስት
floor ·ወለል
flower ·አበባ
foot ·እግር
football ·የእግር ኳስ
forehead ·ግንባር
forest ·ጫካ
fork ·ሹካ
forty ·ዐርባ
four ·ዐራት
fourteen ·ዐሥራ ዐራት
fox ·ቀበሮ
Friday ·ዐርብ
frog ·እንቁራሪት
front ·ፊት
fruits ·ፍራፍሬ
full ·ሙሉ

G

garlic ·ነጭ ሽንኩርት
ginger ·ዝንጅብል
giraffe ·ቀጭኔ
glass ·ብርጭቆ
glasses ·የንባብ መነጽር
globe ·ሉል
gloves ·ጓንት
goat ·ፍየል
grapes ·ወይን
grass ·ሣር
gray ·ግራጫ
green ·አረንጓዴ
guava ·ዘይቱን

H

hair ·ፀጉር
hand ·እጅ
handbag ·የእጅ ቦርሳ
handkerchief ·መሐረብ
hanger ·መስቀያ
happy ·መደሰት
hat ·ባርኔጣ
head ·ራስ
heart ·ልብ
heavy ·ከባድ
heel ·ተረከዝ
helicopter ·ሄሊኮፕተር
hen ·ዶሮ
high ·ከፍ
hippo ·ጉማሬ
home ·መኖሪያ ቤት
horse ·ፈረስ
hot ·ትኩስ
house ·ቤት
hundred ·መቶ
hyena ·ጅብ

I

inside ·ውስጥ

J

jacket ·ጃኬት
jeans ·ጅንስ
juice ·ጭማቂ

K

kettle ·ማንቆርቆሪያ
kitchen ·ማዕድ ቤት
kite ·ወላንዶ
kiwi ·ኪዊ
knee ·ጉልበት
knife ·ቢላዋ

L

lake ·ሐይቅ
lamp ·መብራት
last ·መጨረሻ
leaf ·ቅጠል

leek ·ባሮ ሽንኩርት
left ·ግራ
leg ·እግር
lemon ·ሎሚ
lettuce ·ሰላጣ
light bulb ·አምፖል
light ·ቀላል
light ·ብርሃን
lightning ·መብረቅ
line ·መስመር
lion ·አንበሳ
lip ·ከንፈር
little ·ትንሽ
living room ·ሳሎን
long ·ረዥም
low ·ዝቅ
lunch box ·የምሳ ዕቃ

M

mango ·ማንጎ
map ·ካርታ
match ·ክብሪት
mattress ·ፍራሽ
milk ·ወተት
mirror ·መስታወት
Monday ·ሰኞ
monkey ·ዝንጀሮ
moon ·ጨረቃ
mop ·መወልወያ
motorcycle ·ሞተር ብስክሌት
mountain ·ተራራ
mouse ·አይጥ
mouth ·አፍ
mushroom ·እንጉዳይ

N

nature ·ተፈጥሮ
near ·ቅርብ
neck ·አንገት
necklace ·ሐብል
new ·አዲስ
nine ·ዘጠኝ
nineteen ·ዐሥራ ዘጠኝ
ninety ·ዘጠና
north ·ሰሜን
nose ·አፍንጫ
notebook ·ደብተር
number ·ቁጥር

O

old ·አሮጌ
one ·አንድ
onion ·ቀይ ሽንኩርት
open ·ክፍት
opposite ·ተቃራኒ
orange ·ብርትኳናማ
orange ·ብርትኳን
ostrich ·ሰጎን
outside ·ውጭ
oval ·ሞላላ
ox ·በሬ

P

painting ·ስእል
pan ·መጥበሻ
papaya ·ፓፓዬ
paper ·ወረቀት
peach ·ኮክ
pen ·እስክርቢቶ
pencil ·እርሳስ
pepper ·ቃርያ
pig ·አሣማ
pillow ·ትራስ
pineapple ·አናናስ
pink ·ሮዝ
plant ·ተክል
plate ·ሳሕን
plum ·ፕሩኝ
police car ·የፖሊስ መኪና
pomegranate ·ሮማን
pot ·ድስት
potato ·ድንች
pumpkin ·ዱባ
purple ·ወይንጠጅ
pyjamas ·የሌሊት ልብስ

R

rabbit ·ጥንቸል
radio ·ራዲዮ
rain ·ዝናብ
rainbow ·ቀስተ ደመና
raincoat ·የዝናብ ልብስ
rectangle ·አራት ጎን
red ·ቀይ
refrigerator ·ማቀዝቀዣ
relax ·መዝናናት
rhino ·አውራሪስ
right ·ቀኝ
ring ·ቀለበት
river ·ወንዝ
roof ·ጣሪያ
rooster ·አውራ ዶሮ
rug ·ምንጣፍ
ruler ·ማስመሪያ

S

sad ·ማዘን
same ·ተመሳሳይ
Saturday ·ቅዳሜ
scared ·መፍራት
scarf ·የአንገት ልብስ
school bag ·የትምህርት ቤት ቦርሳ
school ·ትምህርት ቤት
scissors ·መቀስ
seesaw ·ሚዛን
seven ·ሰባት
seventeen ·ዐሥራ ሰባት
seventy ·ሰባ
shape ·ቅርፅ
sharpener ·መቅረጫ
sheep ·በግ
ship ·መርከብ
shirt ·ሸሚዝ
shoe ·ጫማ
short ·አጭር
shorts ·ቁምጣ
shoulder ·ትከሻ
shower ·የቁም መታጠቢያ
shy ·ማፈር
sink ·የእጅ መታጠቢያ
six ·ስድስት
sixteen ·ዐሥራ ስድስት
sixty ·ስድሳ
skirt ·ጉርድ ቀሚስ
sky ·ሰማይ
slide ·ሸርተቴ
slippers ·ነጠላ ጫማ
small ·ትንሽ
snake ·እባብ
snow ·በረዶ
soap ·ሳሙና
socks ·ካልሲ
sofa ·ሶፋ
south ·ደቡብ
spinach ·ቆስጣ
sponge ·መታሻ
spoon ·ማንኪያ
square ·ካሬ
star ·ኮከብ
stone ·ድንጋይ
stool ·ዱካ
stove ·ምድጃ
strawberry ·እንጆሪ
student ·ተማሪ
suitcase ·ሻንጣ
sun ·ፀሐይ
Sunday ·እሑድ
sunglasses ·የፀሐይ መነጽር
surprise ·መገረም
sweater ·ሹራብ
swimsuit ·የዋና ልብስ
swing ·ጅዋጅዌ

T

T-shirt ·ቲሸርት
table ·ጠረጴዛ
tangerine ·መንደሪን
tap ·ቧንቧ
teacher ·መምህር
telephone ·ስልክ
television ·ቴሌቪዥን
ten ·ዐሥር
thin ·ቀጭን
thirteen ·ዐሥራ ሦስት
thirty ·ሠላሳ
three ·ሦስት
thursday ·ሐሙስ
tie ·ከረባት
tiger ·ነብር
time ·ሠላሳ
toe ·የእግር ጣት
toilet Paper ·መፀዳጃ ወረቀት
tomato ·ቲማቲም
tongue ·ምላስ
tooth ·ጥርስ
toothbrush ·የጥርስ ብሩሽ
toothpaste ·የጥርስ ሳሙና
top ·ላይ
towel ·ፎጣ
train ·ባቡር
transport ·መጓጓዣ
trash can ·ቆሻሻ መጣያ
tree ·ዛፍ
triangle ·ሦስት መዓዘን
trousers ·ሱሪ
truck ·የጭነት መኪና
trunk ·ግንድ
Tuesday ·ማክሰኞ
tummy ·ሆድ
turtle ·ኤሊ
twelve ·ዐሥራ ሁለት
twenty ·ሃያ
two ·ሁለት

U

umbrella ·ጃንጥላ
underpants ·ቡታንታ
undershirt ·ካኒቴራ

V

vegetables ·አትክልት
vest ·ሰደርያ
village ·መንደር

W

waist ·ወገብ
wall ·ግድግዳ
wall clock ·የግድግዳ ሰዓት
wallet ·የኪስ ቦርሳ
wardrobe ·ቁምሳጥን
waterfall ·ፏፏቴ
watermelon ·ሐብሐብ
Wednesday ·ረቡዕ
week ·ሳምንት
west ·ምዕራብ
wet ·ርጥብ
white ·ነጭ
wind ·ንፋስ
window ·መስኮት
wristwatch ·የእጅ ሰዓት

Y

yellow ·ቢጫ

Z

zebra ·የሜዳ አህያ
zucchini ·ዝኩኒ

Amharic Alphabet • የአማርኛ ፊደላት

ሀ hä	ሁ hu	ሂ hi	ሃ ha	ሄ he	ህ hī	ሆ ho
ለ lä	ሉ lu	ሊ li	ላ la	ሌ le	ል lī	ሎ lo
ሐ hä	ሑ hu	ሒ hi	ሓ ha	ሔ he	ሕ hī	ሖ ho
መ mä	ሙ mu	ሚ mi	ማ ma	ሜ me	ም mī	ሞ mo
ሠ sä	ሡ su	ሢ si	ሣ sa	ሤ se	ሥ sī	ሦ so
ረ rä	ሩ ru	ሪ ri	ራ ra	ሬ re	ር rī	ሮ ro
ሰ sä	ሱ su	ሲ si	ሳ sa	ሴ se	ስ sī	ሶ so
ሸ shä	ሹ shu	ሺ shi	ሻ sha	ሼ she	ሽ shī	ሾ sho
ቀ k'ä	ቁ k'u	ቂ k'i	ቃ k'a	ቄ k'e	ቅ k'ī	ቆ k'o
በ bä	ቡ bu	ቢ bi	ባ ba	ቤ be	ብ bī	ቦ bo
ተ tä	ቱ tu	ቲ ti	ታ ta	ቴ te	ት tī	ቶ to
ቸ chä	ቹ chu	ቺ chi	ቻ cha	ቼ che	ች chī	ቾ cho
ኀ hä	ኁ hu	ኂ hi	ኃ ha	ኄ he	ኅ hī	ኆ ho
ነ nä	ኑ nu	ኒ ni	ና na	ኔ ne	ን nī	ኖ no
ኘ ñä	ኙ ñu	ኚ ñi	ኛ ña	ኜ ñe	ኝ ñī	ኞ ño
አ ä	ኡ u	ኢ i	ኣ a	ኤ e	እ ī	ኦ o
ከ kä	ኩ ku	ኪ ki	ካ ka	ኬ ke	ክ kī	ኮ ko
ኸ hä	ኹ hu	ኺ hi	ኻ ha	ኼ he	ኽ hī	ኾ ho
ወ wä	ዉ wu	ዊ wi	ዋ wa	ዌ we	ው wī	ዎ wo
ዐ ä	ዑ u	ዒ i	ዓ a	ዔ e	ዕ ī	ዖ o
ዘ zä	ዙ zu	ዚ zi	ዛ za	ዜ ze	ዝ zī	ዞ zo
ዠ žä	ዡ žu	ዢ ži	ዣ ža	ዤ že	ዥ žī	ዦ žo
የ yä	ዩ yu	ዪ yi	ያ ya	ዬ ye	ይ yī	ዮ yo
ደ dä	ዱ du	ዲ di	ዳ da	ዴ de	ድ dī	ዶ do
ጀ jä	ጁ ju	ጂ ji	ጃ ja	ጄ je	ጅ jī	ጆ jo
ገ gä	ጉ gu	ጊ gi	ጋ ga	ጌ ge	ግ gī	ጎ go
ጠ t'ä	ጡ t'u	ጢ t'i	ጣ t'a	ጤ t'e	ጥ t'ī	ጦ t'o
ጨ ch'ä	ጩ ch'u	ጪ ch'i	ጫ ch'a	ጬ ch'e	ጭ ch'ī	ጮ ch'o
ጰ p'ä	ጱ p'u	ጲ p'i	ጳ p'a	ጴ p'e	ጵ p'ī	ጶ p'o
ጸ ts'ä	ጹ ts'u	ጺ ts'i	ጻ ts'a	ጼ ts'e	ጽ ts'ī	ጾ ts'o
ፀ ts'ä	ፁ ts'u	ፂ ts'i	ፃ ts'a	ፄ ts'e	ፅ ts'ī	ፆ ts'o
ፈ fä	ፉ fu	ፊ fi	ፋ fa	ፌ fe	ፍ fī	ፎ fo
ፐ pä	ፑ pu	ፒ pi	ፓ pa	ፔ pe	ፕ pī	ፖ po

www.ingramcontent.com/pod-product-compliance
Ingram Content Group UK Ltd.
Pitfield, Milton Keynes, MK11 3LW, UK
UKHW062003290726
14090UKWH00022B/1362